3歳までの子育てに大切なたった5つのこと

THE 5 ESSENTIALS:
WHAT EVERY NEW PARENT
NEEDS TO KNOW ABOUT BABY'S
FIRST THREE YEARS

《監修》
児童精神科医
佐々木正美
MASAMI SASAKI

健康ライブラリー
スペシャル
講談社

まえがき

長い歳月、子どもの精神保健や精神医学の仕事をしてきて、あらためて深く感じることがあります。ハリー・スタック・サリバンという、アメリカの精神科医のことばです。「人間は、自分の存在の意味や生きる価値を、人間関係のなかに見出し、実感しながら生きる」というものです。

心を病むということは、人間関係に病むということです。そして、いきいきと健康に幸福に生きることは、よい人間関係を営みながら生きるということです。人間関係が、人の幸せを決めるんです。

そのことは、生まれてすぐの乳児期から、はじまっています。そして、幼ければ幼いときほど、大きな意味をもちます。

幸福な人間関係のなかで育っている子は、たとえて言うなら、真っ白な紙にさまざまな色の絵の具がしみこんでいくイメージです。見事な色付けができていくんです。

いっぽうで、少し色がついた紙に、ほかの色をぬることを考えてみてください。白い紙のように、美しくはぬれないでしょう。歳月がたてばたつほど、人間関係を見直すことは、難しくなるんです。

幼い子どもにとって、もっとも大切な人間関係は、お母さんとの関係です。

大きくなっても、子どもの心には、自分がどんなにお母さんから愛され、大切に育てられてきたかという記憶が残されています。具体的なエピソードとして思い起こすことはできない、早期の記憶が、心の奥深くに色付き、残っているんです。その記憶が、その子が幸福な人間関係を築くための基盤になります。

この本では、そのことをシンプルに、５つの話題を通じて紹介しています。子育てで大切なこと。それは人間関係です。読者のみなさんには、あらためて、そのことの意味を実感していただけるのではないかと思います。

児童精神科医
佐々木正美

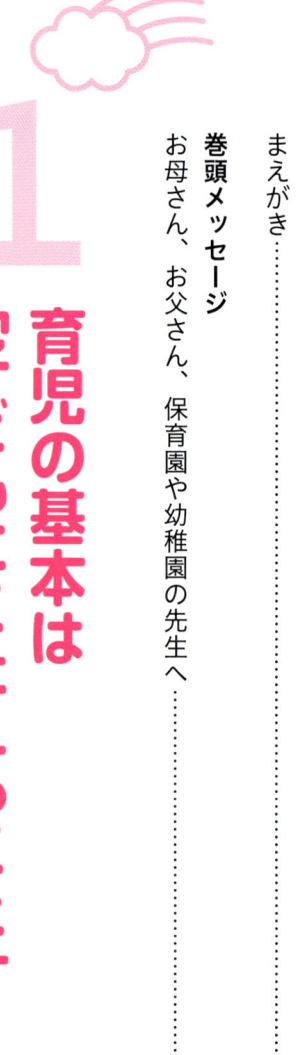

2 こたえると子どもの心になにが起きるのか

3 ママにできること、パパにできることの違い

4 子育てには保育園・幼稚園の支えも欠かせない

巻頭メッセージ

お母さん、お父さん、保育園や幼稚園の先生へ

子育てに関して、隣近所の支えが減り、お母さんがいままで以上にがんばっている

1 児童精神科医として、多くの家族をみてきましたが、お母さんたちは悩みや不安を抱えながらも、一生懸命に子育てをしていますね。ときには、がんばりすぎていて、心配になるくらいの人もいます。

母親の役割

私は母親を「育児の主役」だと思っています。といっても、育児をすべて母親が負担するということではありません。子どもとのやりとりを中心的に担うということです。

70ページ参照

2 いまの社会は以前と比べて、地域の人間関係が希薄になっています。そのぶん、お母さんが一生懸命なのだと思いますが、私は「がんばりすぎないで」と言葉をかけたくなることもあります。

お母さんと子どもが十分にふれあえるよう、お父さんは皿洗いなどの家事を担当する

3 いっぽうで、お父さんの育児参加が増えています。お父さんもがんばっているんです。しかし私は、お父さんには子育て以上に、お母さんのサポートをしてほしいと思っています。お母さんの悩みを聞いたり、家事を代わりに担当してほしいのです。

父親の役割

私は父親の育児参加について、おおいに賛成していますが、父親は基本的に「育児の助演」だと思っています。主役の母親を後方から支える役になってほしいのです。

80ページ参照

先生の役割

保育園や幼稚園の先生たちの役割は、年々重要になってきています。子どもの様子を見守ることに加えて、お母さんの不安の解消にも貢献しています。

90ページ参照

4 お母さんにとって、保育園や幼稚園の先生がいっしょに子どもをみてくれることも、大きな支えになります。地域社会が変容したいま、園は第二の家庭といえるくらい、重要な存在になってきました。

保育園や幼稚園の先生が相談にのってくれることが、お母さんの安心感につながっている

5 　子どもはまだ小さいころには、なによりもお母さんを求めています。子育ての基本は、その思いにこたえることにつきます。子どもの願いにこたえ、子どもが望むように育児をしましょう。お父さんや先生たちは、その支えとなってください。

「お母さんにみてほしい、いっしょにいてほしい」という思いにどれだけこたえられるか

子育てのポイント

望みがかなうと、子どもはお母さんに対して愛着や基本的信頼を抱くようになります。それは将来の人間関係の基盤となるものです。

58ページ参照

6 　お母さんが子どもとよくふれ合いながら、家族や園の先生、友達とも交流をもち、広い輪のなかで子育てをしていく。そのような交わりをもつことができれば、安心して子育てができます。子育ては安心、信頼からはじまるのです。

わが子を預けられる親しい友達ができれば、見守る目が増え、お母さんはますます安心する。それが子どもの安心につながる

お母さんが中心的な役割を担い、お父さんや祖父母、園の先生たちがお母さんを支えるのが、育児の理想的な形です

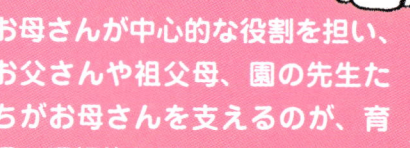

1

育児の基本は「子どもにこたえること」

子どもが「こっちをみて」というしぐさをしたり、
泣いて不満をうったえたりしたときには、
その思いにこたえてあげてください。
「キリがない」と思うかもしれませんが、
それでもこたえてほしいのです。キリがないことに
こたえつづけることで、子どもの心は満たされます。
心から安心します。その結果、要求は
むしろ減っていくのです。それが自立です。

佐々木先生のことば

親のあなたが望む、あなたの理想の育児をしていませんか？

多くの親が、わが子の将来を考え、さまざまに手をつくして、子育てをしているのではないでしょうか。それもひとつの愛情の形なのかもしれませんが、私は、いつも将来を考えて子育てをすることは、本当の意味で愛情深い育児ではないと思っています。

親はわが子の将来を思うとき、子どもをこう育てたい、こんな力を伸ばしたいと願います。一見、前向きな願いです。でもそれは、言ってしまえば、親にとっての理想なんですよね。子ども自身がそうなりたいと願っているわけではないんです。

親が自分の理想の育児をしたとき、子どもに伝わるのは、愛情ではありませんよ。「あなたに不足を感じている」というメッセージです。

幼い子どもが親に求めているのは、いま、ありのままの自分を認めてもらうこと。将来ではありません。

佐々木先生のことば

幼い子が親の期待にこたえることなんてありませんよ

0歳から3歳くらいまでの幼い子どもは、親の思いどおりにならないものです。

親の期待や要求にこたえることなんて、ほとんどありませんよ。むしろ、泣いたり、だだをこねたりして、親にいろいろと要求するのがふつうです。

幼い子どもは、まだいろいろなことが自分ではできません。親を頼らなければ、安心して、健康にすごすことができない。だから要求するんです。だっこをして、おむつを替えて、いっしょに遊んで、と。

そういう時期の子どもに対して、親が「こんなふうに育ってほしい」「聞き分けよくしてほしい」と要求しても、うまくいきませんよね。

うまくいかないどころか、子どもの心に、願いがかなわなかったという失望や、できないことを要求されたという不全感が残ってしまいます。

佐々木先生のことば

子どもが望むように育ててあげる、それが育児の基本です

子育ての基本は、子どもの要求にこたえることです。すべてはそこからはじまります。子どもが望むような育て方をしてあげるんです。

希望がかなったという事実は、子どもの心の深いところに必ず残ります。親は信頼できる、自分は大切にされているという思いが残るんです。その気持ちが、将来、自分や人を信じる力の基盤になります。

逆に言えば、子育てをするなかで、どこかで一度、子どもの要求にしっかりとこたえなければいけないということです。

子どもが大きくなればなるほど、要求にこたえるのは難しくなりますよ。思春期になってから子どもの心を満たすのは、たいへんでしょう。

幼い子どもにこたえることが、いかに重要か、おわかりいただけるのではないでしょうか。

佐々木先生のことば

望みにこたえる方法はいくつもありますが、5つ紹介します

子どもの望みに、どこまでこたえればよいのか。理想をいえば「どこまでも」です。こたえればこたえるほど、子どもは安心します。少なくとも3歳ごろまでは、子どもの望みをなによりも優先してください。たとえ現実的には難しいとしても、自立心を育てるために、そういう気持ちでいることが大切です。

四六時中、子どものことだけをしているわけにはいかないでしょう。でも、できるかぎりこたえようと思って、いっしょにいる時間を大切にすごしていれば、その思いは必ず子どもに伝わります。

重要なのは、時間の長さではありません。すごし方の質です。いまこの子を幸せにしてあげようと思い、心をかけること。その瞬間の積み重ねが、子どもの心を育てていくのです。いろいろなやり方がありますが、この本では具体的な方法を5つ紹介します。

遊ぶ

あやす

見守る

待つ

笑う

1 遠くから見守る

子どものしていることを、じっとみつめていてください

START

子どもがリビングを探検しているとき

子どもを見守ること。これは育児の基本中の基本です。たとえば、子どもが家の中を探検して遊んでいるとき。親を気にせず、遊びに集中しているようにみえるかもしれませんが、そういうときにしっかり見守ってやれるかどうかが、じつは重要なんです。

1 子どもは母親のそばにいるのが好き。２歳ごろまでは始終、母親の近くで遊んでいますね。

掃除をしている母親のそばを離れず、歩いてついていく

おもしろそうなものを
みつけると、母親のも
とを離れて探検活動へ

2

しばらく遊んでいると、母親が近くにいることに安心して、部屋の中を探検しはじめます。

3

カゴを探ったり、引き出しを開けたり。楽しく遊びながらも、ときおり母親のほうをみます。

4

子どもが振り返って、チラッとあなたのほうをみたとき、どんな反応を返していますか？

A

子どもをみて
「ママここにいるよ」
と声をかける

B

遊びに集中
できるように、
声をかけないでおく

探検に集中していた
かと思うと、ふいに
母親のほうを振り
返ってみる

A ○

ちょっとだけ手を止めて、子どもをみながら声をかけてやるとよい

5 子どもが振り返るのは不安なとき。母親が見守っていると、安心して、再び遊びはじめます。

B △

5 子どもは母親に見守ってもらえないと不安が解消できず、それまで夢中でやっていた遊びをやめてしまいます。

遊びに集中させようとしたのに、逆効果になってしまう

STOP!

放任主義は不安をまねく

子どもの自主性を尊重して、放任主義的に対応するのは、もう少し大きくなってからの育児です。親を頼っていたい乳幼児にとって、放任は無視と同じようなことです。

19ページ参照

母親の様子をみて安心し、カゴからビニール袋や缶詰をとり出して遊ぶ

6

子どもは母親をみて、安心するとともに、自分がいましているのは安全なことだと理解します。

Q いつもみているなんて無理なのでは？

A 子どもの遊ぶ様子を、最初から最後まで見守っていなければならないなどということは、けっしてありません。そんなことは誰にもできないでしょう。親にもやることがありますからね。

大切なのは、子どもがなにかを求めてきたときに、タイミングが多少ずれたとしても、必ず反応を返すことです。最後まで無視しないことなんです。家事をしながらでも子どもを気にかけていて、ときどき目をやる。それでよいのです。

7

安心できた子どもは、満足するまで遊びます。最後にはその成果を母親にみてもらおうとすることもあります。

みつけたものや、できたことを、母親にみせたがる

GOAL！

まなざしが安心を生む

親がしっかりと見守っていてあげれば、子どもは安心して遊べるようになります。親の様子をみて学ぶ体験が、子どもにとって、人間関係や社会性の基盤にもなっていきます。

18ページ参照

パターンAの解説　見守った場合

このとき子どもは……

さわってもいいのかな。
ママが笑っているから、
大丈夫かな

あれが気になるな。
楽しそう！
行ってみよう

ママがいるから安心。
こわくなったら
戻ればいいや

子どもの心はどうなる？

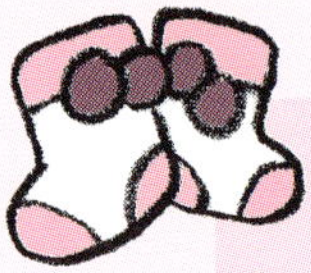

ソーシャル・リファレンシングが育つ

　子どもの心に安心感と社会的な感性が育ちます。母親をみれば安心できる、そして、なにをすればよいか教えてもらえる。この経験から、社会性の基盤「ソーシャル・リファレンシング」（社会的参照）ができあがります。人は信じられるものだという思いが、心の基本的なところに生まれるのです。

パターンBの解説　放任した場合

このとき子どもは……

これ、なんだろう？
ママ、これなあに？

ママがこっちをみてくれない。さびしいな

子どもの心はどうなる？

次もまたみる

親の反応がなくても、また「おやっ」と思うものをみつけたら、子どもは親のほうをみます。

さびしくなる

親のほうをみても反応してくれないことが多いと、当然、不安やさびしさを感じます。

いたずらをする

親に見守ってほしいあまり、子どもはいたずらをしたり、大きな音を立てたりします。

見守られる体験が少なかった子は、保育園や幼稚園でわざと水槽を倒したりして、注目を集めようとする

1 遠くから見守るのまとめ

見守られることで、自分と人を信じられるようになります

母親のまなざしが安心と信頼を生む

母親やそのほかの大人に見守られて育った子どもは、いつも守られているという安心感を心に抱きます。同時に、見守ってくれている相手への信頼感ももちます。

この感情が、心の発達や人格形成にとって、重要な基盤となります。人を信じることなしに、社会で人と交わり、成長していくことは、できないからです。

精神分析家エリク・エリクソンは、この感情を「基本的信頼」(58ページ参照)とよびました。人を信じる力であり、同時に、自分が大切にされているという、自分を信じる力でもあります。

子どもは母親をみて、判断している

母親のまなざしは、子どもの心に安心と信頼を生むだけでなく、行動規範もつくっていきます。

幼い子どもは、戸惑いや不安を感じたときに、母親をみます。このとき母親が見守ると同時に、なにか声をかけてやると、子どもは安心して活動します。

子どもにとって母親のまなざしや声、しぐさは、自分のしていることが安全か危険か、正しいか誤っているかを判断するための基準になっているのです。

社会のルールを守る力の基礎ができる

母親に見守られ、安心して行動する経験をつんだ子どもは、大きくなってから、社会のルールを守れる子になります。

わからないことがあったら、親やまわりの大人に教わればよいという行動規範があるからです。自分勝手な判断をせず、社会の基準をみて、活動します。

母親のまなざしが、子どもの社会観をもつくっていくのだと、知っておいてください。

見守る育児のヒント

子どもが声をあげたら、目をあわせて言葉を返す

○

家事の手を止める

子どもが目を向けてきたら手を止めて、反応を返しましょう。家事をしながらでも、心を通わせることは十分にできます。

危ないときは注意

危険な遊びをしているときには、もちろん止めます。危ないときに親が教えてあげることも、安心感や行動規範につながります。

心配しすぎない

見守ることと、心配で目が離せないことは違います。心配しすぎて子どもの活動を制限しないように注意してください。

なにかにチャレンジしていたら、ときおり目を向け、ほめたり励ましたりする

×

干渉しすぎる

よりよい遊びをさせようと考えて「こうしなさい」と声をかけ、干渉しすぎるのはいけません。子どもが求めてきたら声をかけてください。

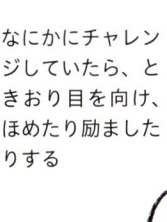

2 ほほ笑みを返す

子どもが笑いかけてきたら、何度でも笑顔を返しましょう

START

公園でなにかをみつけて笑ったとき

　子どもはよく笑いますね。たとえば公園に遊びに行くと、ただ花をみつけただけでも、親に笑いかけてくるでしょう。子どもはいろいろなことで、母親と共感し合い、喜び合いたいと思っているんです。

1 公園や児童館に出かけたとき。子どもははじめてみるものに目を輝かせ、ほほ笑みます。

この公園広いね！
アー！
奥に大きな花《か》壇《だん》があるよ

一家で公園へ。なにげなく散歩をしているときにも、感情を分かち合う瞬間がある

幼い子どもにとって、みるものすべてが発見。花をみただけでも喜びを感じる

2

なにかをみつけると、大喜び。覚えたての言葉で歓声をあげ、笑顔で喜びを表現します。

発見した喜びやうれしさを、母親にも伝えたがる

3

子どもは喜びを母親や家族に伝えたいと思い、笑顔を向けてきます。

4

子どもが笑顔を向けてきたとき、いつもどんな反応を返していますか？

A

ややオーバーなくらいの笑顔で答える

B

飾らずに「よかったね」と返事をする

○ A

かわいいと思う気持ちを、恥ずかしがらずに笑顔やしぐさではっきりと表現する

5 親がほほ笑みを返すと、喜びを分かち合えたことで、子どもはますますうれしくなります。

△ B

5 ひと声かけるだけでも悪くはありません。しかし、子どもはもっと喜びを分かち合いたいのです。

大げさにかわいがることを恥ずかしがり、素っ気ない態度をとっていると、子どもには物足りない

GOAL！

人と遊びたがる子になる

ほほ笑みの交換は、共感性の芽のようなもの。子どもの心に、ひとりで遊ぶよりも、人と感情を分かち合いながら遊ぶほうが楽しいという感情が育ちはじめます。

26ページ参照

6

子どもはもっと喜び合いたいと感じて、花を探したり、笑ったり、親の笑顔を求めたりします。

こっちにも来て、この花もみて、というしぐさで、親と遊びたがる

7

子どもは、遊ぶ楽しさだけでなく、母親とやりとりをする楽しさも感じます。

子どもは花をみることにはあきて、お姉ちゃんと遊ぶことにした

STOP！

人間関係が広がりにくい

共感する経験が少ない子どもは、将来、ほかの子とのやりとりに対して消極的になり、人間関係が広がりにくくなる可能性があります。

27ページ参照

6

花をみつけた喜びが消えてしまうわけではありませんが、共感によって喜びが広がることもありません。

パターンAの解説　笑い返した場合

このとき子どもは……

花をみつけたよ、
ママみて！　みて！

ママも喜んでくれた、
笑ってくれた！

またなにか
みつけたら、
ママに知らせよう

子どもの心はどうなる？

共感性の芽が育つ

子どもが母親に笑いかけるのは、喜びを分かち合いたいからです。そのとき、母親が笑顔を返してやれば、子どもの望みはかないます。子どもは満足し、感情をもっと分かち合いたいと思います。この経験が、共感性の芽になり、人間関係をつくり、広げることへの喜びを生み出します。

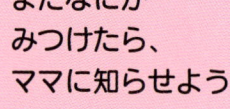

パターンBの解説　笑わなかった場合

このとき子どもは……

笑ってくれないな、
つまらないな

ほかのことを
して遊ぼうかな

あっ、ママが
みてくれた。
あれ、でもまた
お話をはじめちゃった

子どもの心はどうなる？

**喜びを
共有しにくくなる**

まわりの人と遊び合おう、楽しみを分かち合おうという気持ちが育ちにくくなります。

**悲しみも
共有しにくくなる**

人の悲しみに気づき、思いやることも、できにくくなります。

正反対の感情だが、共感性が育たないと、どちらも分かち合えない

2 ほほ笑みを返すのまとめ

笑顔は共感性を引き出し、人間関係のもとをつくります

生後4ヵ月ごろには笑顔を求めてくる

子どもは、喜びを分かち合う意欲をもって生まれてきます。生後1ヵ月ごろには、早くも母親に笑いかけます。そして4ヵ月をすぎるころには、母親や周囲の大人に対して、はっきりと笑顔を求めはじめます。笑って、喜んでほしいとしぐさで示すのです。

笑顔の子どもに、ほほ笑みを返してあげられるかどうか。それしだいで、その子の共感性の広がり方が変わってきます。

これはフランスの精神科医アンリ・ワロンのすぐれた研究によってわかったことです。子どもは、喜びを分かち合う経験をすればするほど、共感的な子に育っていくのです。

ほほ笑みの交換が共鳴する力を伸ばす

共感性の広がりは、コミュニケーション能力の広がりでもあります。母親と感情を分かち合える子どもは、コミュニケーションがじょうずな子になりますよ。

ほほ笑みの交換によって、他者と共鳴する感性が育つ。最初は喜びの共鳴です。喜び合うことの幸せを十分に感じると、次に人の悲しみや痛みに思いをよせる感性が育ってきます。

人を思いやることのできる子に育つ

ともに喜び合った家族や仲間が悲しんでいる。そのことに、自然に共感や心配を抱けるようになっていくのです。

話を聞いたり、いっしょに悲しんだりすることで、その人の悲しみを分かち合おうとします。

悲しみの分かち合い。それは思いやりですよね。母親と笑顔をよく交わした子どもは、やがて人を思いやることのできる子になっていくんです。

笑い返す育児のヒント

おもちゃみつけたの、いいわね

しぐさをつけて、親自身が楽しんでいることを伝える

○

しぐさをつけて

親自身も喜び、心から笑えるといいんです。気持ちを素直にしぐさや口調で表現して、子どもに伝えます。

大人みんなで

母親ひとりでは不可能です。疲れて笑顔になれない瞬間もあるでしょう。まわりの大人みんなで笑いかけてください。

よその子にも

隣近所の子どもにも笑いかけましょう。親が近所と親しくしていると、子どもも人間関係に積極的になります。

こんにちは
こんにちは、小学校はどう？

すれ違うだけのひとときにも、笑顔を交わして交流することはできる

×

テレビで笑わせる

テレビをつけて子どもを笑わせ、いっしょに笑っても、共感的なやりとりにはなりません。

3 泣いたらあやす

何千回でも何万回でも、泣くたびにあやしてあげるのです

START

機嫌が悪くて すぐ泣いてしまう日

　子どもが機嫌をそこねて、かまってもかまっても泣きやまず、なにも手につかなくなってしまうことがあります。幼い子どもですから仕方がないのですが、そういうときのあやし方に、子育ての重要なポイントがあります。

1

機嫌が悪い日は、遊んでいても、思いどおりにならないことがあると、すぐに泣いてしまいます。

いつもはひとりでも積み木で遊べるのに、この日は少しくずれただけで、大泣きして母親を呼ぶ

よしよし、ちょっと
くずれただけじゃない

積み木を直して、だっこをしたり声をかけたりすれば、泣きやむ

2

どんなに泣いていても、あやしてやれば、おさまります。その後はしばらく静かにしています。

3

だっこをして落ち着いても、しばらくするとまた大泣き。どうにも気持ちが落ち着かないようです。

マーマー！
マーマー！

泣きやんだと思って、家事をしていると、たすけを求める泣き声が聞こえてくる

4

かまってばかりいては家事が進みませんが、どう対応して乗り切ればよいのでしょうか？

A

「ちょっと待って」
と言って、
家事を手早く片付ける

B

泣いているときは
子ども優先、
家事はあとまわし

STOP！

先の見通しが立たず不安になる

「ちょっと待って」と言っても、幼い子どもには伝わらないことが多いでしょう。幼い子は先の見通しを立てることができません。不安が強くなり、ますます泣いてしまいます。

34ページ参照

A

ちょっと待って！
すぐ行くからね
ヤーダー！
ママ！

泣かせたいわけではないが、家事がひと段落するまで、ちょっとだけ待ってもらう

5

泣くたびにかまっていては、なにもできないかもしれませんが、待たせれば、ますます泣いてしまいます。

△

はいはい、
どうしたの

5

自分の用事をあとまわしにしてでも、子どもをあやす。少しでもかまってやれば、子どもはほっとします。

○

できるかぎり早く子どものもとへ行き、少しでもあやしてやる

B

どうしても機嫌が直らない日には、子どもの近くで家事をするのもよい

6 泣いても母親がすぐに来てくれるとわかると、子どもは落ち着いてくるものです。

7 子どもが泣いてしまいやすいときには、そばにいる時間を長くしましょう。子どもはより安心します。

Point
そばにいれば「見守る育児」も同時にできる

GOAL！

満足して母親を信頼する

子どもが泣くのは親を呼びたいときです。そこで短時間でもかまってやれば、子どもは満足します。それをくり返すうちに、安心して、機嫌も直ってくるものです。

35ページ参照

Q キリがないのでは？

A 泣くたびにあやしていては、それが際限なくつづき、わがままな子どもになるのではないか。そう思う人もいるかもしれませんが、子どもは願いがかなえば、それ以上の要求はしないものです。

ただし、要求におもちゃや食べ物、お金などの「もの」でこたえないようにしてください。ものへの要求はエスカレートします。だっこや声かけ、いっしょに遊ぶことなどで、手や心をかけて、子どもを満たしてあげましょう。

パターンAの解説　待たせた場合

このとき子どもは……

いやだ！　いやだ！
ママ来て！

ママ、どこに
行っちゃうの？

どうして来てくれ
ないの！　なんで！

子どもの心はどうなる？

親に甘えられなかったぶん、保育園や幼稚園でだだをこね、先生に甘える

わがままになる

親への甘えが不足し、欲求不満になります。親以外の人に甘え、わがままな態度をとりがちです。

無力感を抱く

泣いてもだめなんだという無力感をもちます。ものごとをあきらめることが多くなります。

パターンBの解説　あやした場合

このとき子どもは……

よかった、お願い
すれば来てくれるんだ

やっぱりママは
頼りになる！

ママは私を
大切に
してくれている

子どもの心はどうなる？

母親への基本的信頼が生まれる

子どもの望みにこたえつづけることで、その子の心に基本的信頼が生まれます。母親を心の基本的なところで信じているという感情です。基本的信頼は、自分を信じる力であり、心の発達の基盤でもあり、人間関係の広がりのもとでもあります。

3 泣いたらあやすのまとめ

あやしてあげることが子どもの心を強くするのです

研究が明らかにした あやすことの意味

赤ちゃんに、時間を決めて授乳をした場合と、深夜であろうが泣いたときには授乳をした場合を、比較した研究があります。

定時授乳のケースでは、数日たつと、赤ちゃんが空腹でも泣かなくなりました。一見、忍耐力がついたようですが、その子たちはやがて、継続的な努力を苦手とする子になっていきました。その子たちが身につけたのは、忍耐ではなく、あきらめだったのです。

いっぽう、いつでも授乳をしたケースの子たちは、自主的に努力をつづけられる子に育ちました。赤ちゃんの要求を満たすことには大きな意味があったのです。

抱きぐせがついても かまわない

あやすことに対して「甘やかすと抱きぐせがつく」「子どもが自分で歩かなくなる」と反論する方もいますが、それは大きな間違いなんです。

抱きぐせがついても、まったくかまいません。むしろ、抱きぐせがついたほうがいい。それが人間関係のはじまりですよ。母親を信頼できている証拠でしょう。

母親を信頼して、何度もだっこを求めた子どもは、やがて満足して、自分で歩くようになります。抱きぐせは、成長のさまたげにならないんです。

こたえればこたえるほど 子どもが自信をもつ

子どもは、親に待たされて、放任されて、強く育っていくものではありません。そんなことはけっしてない。

反対に、親が子どもの願いにこたえればこたえるほど、甘やかしただけ、子どもは強くなります。強い自信をもって、生きていけるようになるんです。

あやす育児のヒント

ママの苦手な掃除を、パパが担当。ママに時間的な余裕をもってもらう

○

家事を減らす

母親が苦手とする家事を、ほかの家族が肩代わりしましょう。飲食店などを利用して家事を減らすのもよい方法です。

人を増やす

3歳ごろまでは、忙しい日には人の手を借りてでも、子どもをみる時間を増やしましょう。

子どもを待たせない

余裕のある日に、「ちょっと待って」と言わずに自分が待って子どもをあやし、1日すごしてみましょう。意識が変わります。

○○ちゃん、ばあばがきたよ
ありがとう、たすかるよ

祖父母に手伝いにきてもらい、母親は子どもの世話に集中する

×

テレビを活用する

泣いている子にテレビをみせて落ち着いたとしても、それは気がまぎれただけ。安心や満足は感じていません。

4 できるまで待つ

自分でやりたがったときには、手を貸さずに待ちます

START

子どもに自分で身支度をさせるとき

　食事や着替え、トイレなど、身のまわりのことを子どもに教えるのは、簡単ではありません。何度もくり返し伝え、できるようになるまで、じっくり待つのが大切です。時間に追われ、余裕のないときでさえも、待ってあげたいくらいです。

1

家族みんなで出かけるとき。準備の際、幼い子は、親の手伝いを必要とします。

お兄ちゃんは自分で準備ができるが、幼い妹は、着替えも親に手伝ってもらう

準備できたね、
さあ行こうか

服装も持ち物も確認できて、あとは出発するだけ。動物園へ行こう！

2

親が適度に手伝ってやることで、幼い子どもも、大人と同じペースで活動ができます。

3

子どもが自分でやりたがると、ペースは乱れます。予定どおりにいかなくなりますね。

4

予定に遅れてしまうときでも、子どもを待ったほうがよいのでしょうか。

A

せっかく意欲をみせたので、はけるまで待つ

B

待ってあげたいが、予定優先で親がはかせる

1
〇〇ちゃん、クック（くつ）はく！
ええ〜、バスがもうすぐ来ちゃうよ

バスの到着時刻がせまるなか、子どもが自分で靴をはきたがった。まだじょうずにはけないが……

A

次のバスで
いいか
そうだね。
○○ちゃん、
やってごらん

多少、時間がかかる
としても、子どもの
意欲にこたえて待つ

○

5

子どもが意欲をみせたときに手を貸さず、自分でやらせてみると、一生懸命にとりくみ、豊かに学びます。

また今度に
しようね！

急いでいるので、親がはかせる。せっかく生まれた意欲が消えていく

△

5

親が手を貸すと、子どもは不満気に。時間がないという事情は、子どもにはなかなか伝わりません。

B

GOAL!

やりたい気持ちが伸びる

親が見守りながら、じっくり待ってくれることがわかると、子どもは自分のペースでのびのびと学びます。なんでも自分でやろうとする意欲が強くなっていきます。

42ページ参照

6

手間どりながらも、自分でやろうとします。成功しないかもしれませんが、見守りましょう。

7

待ってあげてもできないこともあります。たすけを求めてきたら、そこまでできたことをほめ、あとは手伝いましょう。

子どもにやらせれば時間はかかるが、かかった時間のぶんだけ学び、満足もする

6

楽しいお出かけがはじまれば、子どもは気をとり直します。しかし意欲が満たされなかった経験が、心に残ります。

不満をいつまでも引きずってはいない。動物園に着けば、しっかりと楽しめる

STOP!

意欲が伸びにくい

忙しいときには親の予定を優先。それが毎回では、子どもは自分の望みがかなわないと感じてしまいます。ものごとに意欲をみせなくなっていきます。

43ページ参照

パターンAの解説　待った場合

このとき子どもは……

靴、自分で
はきたい！
自分でやる！

この間もできたから、
今日もうまく
できるもん

パパは
やらなくていいの！

子どもの心はどうなる？

自律性が伸びていく

子どもはなんでも基本的には自分でやりたいと思っています。失敗しながらやり方を学び、楽しんでいるのです。親がその気持ちによりそい、子どもが望んだときには本人にやらせることで、子どもの自律性、主体性が伸びていきます。

パターンBの解説　代行した場合

このとき子どもは……

自分で
やりたかったな……

パパ、私には
できないと
思ってるんだ

そんなに
早くはできないよ！

子どもの心はどうなる？

意欲が弱くなる

「急いで靴をはく」など、自分の能力以上の要求をされると、子どもは自信や意欲を失っていきます。

親の顔色をみるように

やがて、なにをするにも親の顔色をみて、親の望みにこたえ、ほめてもらおうとするようになります。

たまの外食でも、好きなものを選ばず、親の顔色をみてメニューを決める

4 できるまで待つのまとめ

親があせればあせるほど、子どもの発達や成長は遅れます

あせりは必ず子どもに伝わる

親が子育てのさまざまな面であせっていると、その気持ちは必ず子どもに伝わります。

親の「早くしてほしい」「まだできないのか」という思いは、口に出さなくても、行動や表情、態度に出ます。それが子どもにはわかるのです。

親があせれば、子どももあせります。まだ自分にはできないことでも、親を喜ばせるために挑戦して、努力します。しかし、努力してもうまくいかず、無力感を抱き、意欲を失います。

親の先回りは成長のさまたげに

子どもの発達を待たずに、期待を先行させたり、過剰に干渉することが、その子にいかに負担をかけ、発達のさまたげになるか、おわかりいただけるでしょう。

親が先回りをしたら、子育ては絶対にうまくいきません。あせればあせるほど、子どもの発達や成長は遅れるのです。

待って、子どもに自分で決めさせる

あせらずに、子どもを待ってください。日々のさまざまな用事や事情のなかで、時間的な余裕をもつことは難しいかもしれません。

しかし、それでも待ってほしいのです。子ども主体の時間、場面をつくってほしいのです。

いつも親主体の生活をつづけていたら、いずれ子どもは、主体性を失い、親の顔色をみるようになってしまいます。なにごとも、自分では判断できないようになっていきますよ。

少なくとも、子どもが意欲をもったときには、本人のペースを優先して待ちましょう。それができるだけの余裕をつくっておきましょう。それは親の務めです。

待つ育児のヒント

「同じ年でお兄ちゃんはできていた」と考えると、あせってしまう。弟がいまできていることに目を向けて

○

ほかの子と比べない

比較しはじめると、待てなくなります。食事もトイレもいずれはできるのだと余裕をもって。

失敗したら励ます

子どもは失敗しながら学びます。失敗も必要。親も結果にこだわらず、おおらかに待ちましょう。

何回でも伝える

一度や二度では伝わりません。何回でも同じことを教え、そして待ってください。

箸をうまく持てないときなど、子どもが頼ってきたら、何度でも見本をみせ、教える

×

伝えずにただ待っている

ただ待つだけではいけません。必要なことを教えてから待ちます。「なにをするか」は伝え、「いつするか」を子どもにまかせて待つのです。

5 いっしょに遊ぶ

遊びに付き合うのではなく、親も遊ぶことを楽しんで

START

子どもがはいはいをしているとき

　幼い子どもは親といっしょに遊ぶことが大好きです。いっしょにいると、始終、遊びをせがんできますね。忙しいと言わずに遊んでやることが大切ですが、そのとき子どもは、親がどのくらい心をかけて遊んでくれているか、感じとっています。

1

一家のくつろぎのとき。子どもが楽しそうに遊ぶ姿を、ゆっくりと見守っていられます。

はいはいがうまくなったね
いくらみていてもあきないわね

ママとパパはソファでリラックス。子どもは床ではいはいをしている

○○くん、
ブーブだよ
アー！

遊んでいる子どもの近くに行き、お気に入りのおもちゃを渡す

2

親がおもちゃを渡したり、声をかけたりしてやると、子どもはもっと楽しめますね。

3

そのまま見守っていてあげれば、子どもは安心し、楽しそうに遊びます。

4

遊んでいる子どもが、しぐさで親に「いっしょにやろう」と誘いかけてきたら、どうしますか？

A

ソファに座ったまま、子どものしぐさに声で答える

B

子どもといっしょになって、はいはいをして遊ぶ

車のおもちゃが
好きだな～

おもちゃを片手にはいはい。すっかりご機嫌に

STOP！

喜びを共有できない

ひとりで遊ぶのも楽しいのですが、親とやりとりをして、遊ぶ喜びを共有できれば、もっと楽しくなります。喜びの分かち合いは心の発達に欠かせません。

50ページ参照

A

見守って、声をかけていれば、ひとりで楽しく遊ぶ

5

子どもは親といっしょに遊びたかったので、声をかけられるくらいでは、物足りなさを感じます。

△

5

子どもの誘いに応じて、その子に視線を合わせ、同じ動作をして遊んでやると、おおいに喜びます。

○

床に手をつき、視線を子どもと同じくらいの高さにして、はいはいで追いかける

B

○○くん、
つかまえた！

歓声をあげながら追いかけてつかまえ、抱き上げていっしょに笑う

6

追いかけっこなら、適度なところでつかまえてあげましょう。子どもの動きに合わせます。

7

最初に追いかけたのなら、次は逃げてみましょう。立場を入れ替えて遊ぶと、子どもはまた喜びます。

じゃあ、次は
ママをつかまえ
てごらん

今度はママが逃げる。子どもは楽しそうに追いかけてくる

GOAL！

親が楽しめば子どもも楽しい

親自身が遊びを楽しんでいると、子どもにその気持ちが伝わります。子どもは親と遊ぶ喜びを共有できたことに感動し、心から満足します。

51ページ参照

Q 遊びは子どもどうしがよいのでは？

A いずれは親離れして、子どもどうしで遊ぶようになりますが、それは少し先です。

子どもは2歳ごろまで、自分と他人の区別がついていません。2歳ごろから、ようやく他者を意識しはじめます。友達と豊かに遊び合うようになるのは、4歳ごろからです。

0歳から2歳ごろまでは、親と遊ぶことが大切なのです。

パターンAの解説　ながめていた場合

このとき子どもは……

ブーブで遊ぶの、
楽しいな

ママがくれた
ブーブが好き

パパもいっしょに
遊んでほしいな

子どもの心はどうなる？

コミュニケーション力が育ちにくい

ただし、喜びを分かち合う経験が不足すれば、コミュニケーション力、人と気持ちを分かち合う力は育ちにくくなります。

↔

ひとりで活動する力はつくが、人間関係をつくる力が伸びにくい

ひとり遊びでも探究心は身につく

遊んでいて不満なわけではありません。ひとり遊びに相応の満足はあり、ものごとを探求する心は育ちます。

パターンBの解説　いっしょに遊んだ場合

このとき子どもは……

キャー！
逃げなきゃ、
逃げなきゃ

ママも楽しそう！
うれしいな

いっしょに
遊ぶと楽しい！

子どもの心はどうなる？

友達づくりの土台ができる

　親と豊かにやりとりをしながら遊ぶと、子どもは他者と調和すること、役割を分担すること、その役割を入れ替えることを学びます。これは、将来、友達と遊ぶ能力の基礎となります。親とよく遊ぶことは、友達との遊びの練習になるものなのです。

5 いっしょに遊ぶのまとめ

親との遊びが友達との遊びの練習になっています

親の「本気度」が試されている

ほほ笑みを交換することと同じように、遊ぶことも、喜び合う経験になります。ただし、たとえ時間をかけて遊んでも、子どもだけ楽しんでいて、親はしぶしぶ付き合っているというのでは、喜び合いにはなりません。

子どもは親の態度から、気持ちを感じとります。親が楽しんでいれば、子どもはよりいっそう楽しくなります。それが喜びの分かち合いです。

遊びのなかで、寝転んだり、手足を泥だらけにしてでも、子どもといっしょに楽しむ。そういうことができる親に育てられると、子どもはのびのびと成長します。

やがて相手は親から友達へ

親とよく遊んでいる子は、友達ともじょうずに遊べます。

2歳ごろから、子どもは友達に興味をもち、やりとりをしながら遊ぶようになります。

それまでに親との遊びで、役割の交替などを体験した子は、じょうずに遊ぶことができ、人間関係をうまく広げていくのです。

4歳ごろには、遊ぶことが仕事に

4歳ごろになると、子どもは友達といっしょに遊ぶなかで、体の使い方や、コミュニケーションのとり方などを学びます。そのころの子どもにとっては、遊びがもっとも重要な仕事なのです。

水たまりにわざわざ入ったり、高い台にのぼったり、ルールのある遊びをしたり。好奇心のおもむくまま、活発に遊びます。

そのときのパートナーは、親ではなく、同じように興味をもち、体力をもった、友達です。親との遊びは、このときのための準備にもなっているのです。

遊ぶ育児のヒント

風呂でほんの数分、子どもの希望どおりに遊ぶことが、その子のコミュニケーションカアップにつながる

○

風呂で遊ぶ

体を洗うことばかり考えず、子どもが遊びたがったら、水遊びなどに時間をかけましょう。

同じ姿勢で遊ぶ

親が立って見下ろしていては、子どもは楽しくありません。姿勢を合わせ、しゃがんだり寝転んだりしましょう。

子どもに合わせる

子どもが望む遊びをしてください。紙をやぶるだけで楽しいのなら、それをいっしょに楽しむのです。

子どもがしゃがんでアリをみていたら、姿勢や視線を合わせて、しばらくいっしょに楽しむ

×

親の趣味をいかす

遊びのなかに親の趣味を過度にとり入れるのは、よくありません。親の思い入れが強くなります。遊びを決めるのは子どもです。

COLUMN

十分に見守られて育った子は、夜ぐっすりと眠れます

子どもの望みにこたえることをつづけていると、夜の寝かしつけの苦労がやわらいできます。

幼い子どもは、目を閉じたら母親がいなくなってしまうと思い、それがいやで、眠ろうとしない場合があります。そういうとき、心のなかに母親への強い信頼感がある子は、不安を抱かずに眠れることが多い。目を閉じても、ママが見守っていると感じるんですね。

夜泣きも同じです。「泣きたいだけ泣きなさい」と余裕をもってあやすと、子どもがそれを感じて、意外に早く寝つくものです。

もちろん、寝かしつけが毎日そんなに簡単にすむわけはありませんが、基本的な考え方は、そうなのです。私はこのことに自分で気づいたのではなく、多くの母親たちから教えてもらいました。

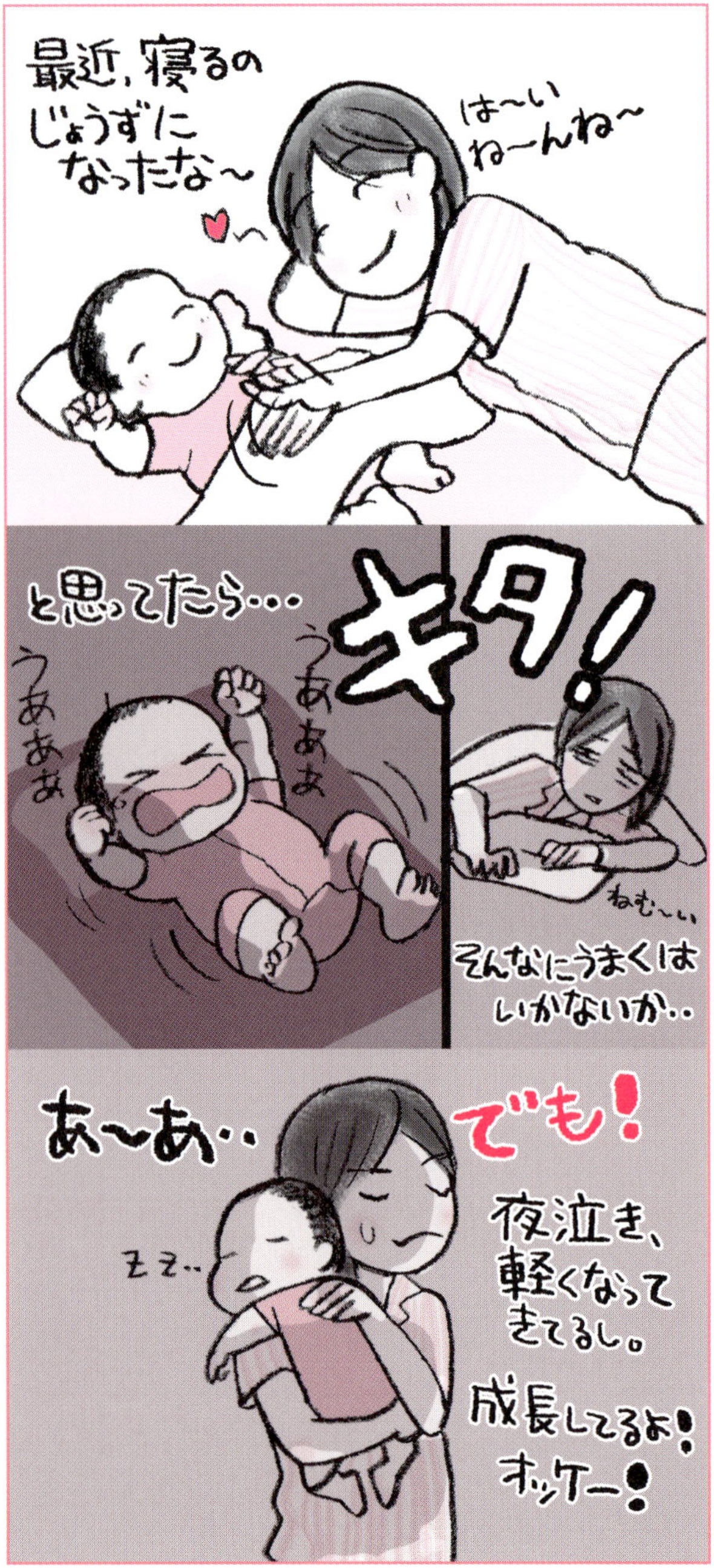

2

こたえると子どもの心になにが起きるのか

子どもの要求に何回も何回も
こたえつづけることによって、
子どもは安心感と信頼感を抱きます。
精神分析家エリク・エリクソンは
その感情を「基本的信頼」と呼びました。
0歳から2歳ごろまでに、子どもの心に
基本的信頼を育てること。それこそが、
子育てでもっとも大切なことです。

佐々木先生のことば

望みにこたえつづけることで安心感が育ちます

ここまでくり返し解説してきたとおり、子育てでは、子どもの望みに何度も何度もこたえ、その子を安心させてあげることが、なにより重要です。

子どもの望みというのは、基本的には泣き声に表れます。子どもはがんばって泣くことで、希望を、期待を、親への願いを表現しています。

幼い子はどんなに努力しても、身のまわりのことをひとりではできません。ですから自分にできること、すなわち泣くことを努力して、一生懸命、親に気持ちを伝えようとしているのです。

親がその気持ちを理解して満たしてあげれば、子どもは親を信頼するようになります。そして、努力は報われ、願いはかなうのだと考えるようになります。

子どもが大きな声で泣くことの意味、その声にこたえることの意味を、ご理解ください。

佐々木先生のことば

母親への信頼と安心を「基本的信頼」といいます

幼い子どもの声や涙にこたえ、願いをかなえてやり、その子を安心させること。これは世界共通の、育児の鉄則です。育児や発達を研究する多くの専門家が、さまざまなことばで、このことを表現しています。

精神分析家エリク・エリクソンは「基本的信頼」と表現しました。子どもは要求にこたえてもらうことで、母親を基本的に信頼する。そして自分を、母親以外の人を信頼していく。この表現が、もっともわかりやすく、もっとも適切なのではないでしょうか。本書ではこの表現をたびたび使っています。

乳幼児期に子どもにこたえることで、そのあとの人生の基礎、人間関係の基盤ができあがる。エリクソンはそういうことを、多くの臨床経験をもとに、はっきりと書いています。私も自分の臨床経験上、まったく同じことを思うのです。

基本的信頼は、大きな家の土台のようなものです

心の発達を家にたとえて考えると

人間の心の発達を家にたとえて考えると、乳幼児期の重要性がよくわかります。

建築には順番があります。基礎工事が終わって、はじめて柱が立ち、次に内装や外装が整います。

心の発達にも順番があり、乳幼児期の子育ては、この基礎工事と同じです。基本的信頼が自信になり、人を信じる力になります。

信頼感をもたずに、表面的な友達付き合いや恋愛をしても、よい関係は築けません。基礎工事をしないで外装だけを整えた家のように、ささいなことで破綻する、危うい関係になっていきます。

3歳ごろまでに土台づくり

心の発達を調べた多くの研究が、同じことを示しています。子どもは1歳半ないしは2歳ごろまでに、母親への愛着と信頼を抱くということです。長くみても、3歳ごろまでには心の基礎ができあがるといってよいでしょう。

幼い子どもの望みにこたえることは、家の土台をつくる基礎工事のようなもの

信頼

母親と自分を基本的に信じることができる、その感性のことを「基本的信頼」といいます。精神分析家エリク・エリクソンが提唱しました。基本的信頼は、生後6ヵ月ごろから1歳半ごろまでにもっとも豊かに育つといわれています。

信頼なくして発達なし

基本的信頼は、心の発達の基盤となるものです。母親を信じることができて、はじめて自分やほかの人を信じられるようになります。そして、人と豊かに交わり、多くを学んで成長していくことができるのです。

心の発達

基本的信頼をもった子は、安心してものごとにとりくみ、自信を深めます。そしてやがて親を離れ、友達や仲間と遊び合いながら、確かな自我をつくっていきます。

- **2 ～ 7 歳ごろ**……「自律性」「自主性」の獲得。意思がはっきりとしてくる
- **7 ～ 12 歳ごろ**……「勤勉性」が身につく。目的に向かって努力する精神が育つ
- **13 ～ 22 歳ごろ**……「アイデンティティ」の確立。長所も短所も受け入れる

基本的

Point

高校時代にやり直すのは、屋根瓦だけ張り替えるようなもの。けっして難しくはない

思春期の失敗は対応しやすい

基本的信頼を獲得していれば、思春期や成人期になって人間関係で挫折《ざせつ》しても、家族や自分への信頼感があるため、自暴自棄になりません。立ち直り、また仲間をつくろうと考えることができます。

Point

大きくなってから乳幼児期の不足をとり戻すのは、家を壊して基礎からやり直すようなもの。大工事になる

乳幼児期の不足は深刻に

人間関係の失敗の背景に、基本的信頼の欠如がある場合、傷は深いです。自分も人も信じられず、同じ失敗をくり返しがちです。いまの年齢で、親との信頼関係を築くことからやり直さなければいけません。

乳幼児期の発達

子どもは依存と反抗をくり返して成長していきます

依存も反抗も悪いことではない

依存と反抗は、どちらも悪いイメージでとらえられがちな言葉です。依存は過度の甘え、反抗はわがままだと思っている人もいるかもしれません。

しかしそれは、どちらも年齢に不相応な依存や反抗を示した場合のことです。

幼い子どもが母親に甘えたり、わがままを言ったりするのは、ごくふつうのこと。子どもは母親に依存して安心感を抱きます。そしてその庇護《ひご》のもとで適度に反抗し、生き方を学んでいきます。

依存と反抗は、子どもの成長に必要なステップなのです。

依存して満たされる

母親を心から信頼し、安心するということは、言葉を換えれば、母親に依存するということです。幼い子どもには、母親への十分な依存が必要なのです。

子どもがだっこをせがんだら、しっかり抱きしめてやり、十分に依存させる

依存

乳児期には自分でできることがほとんどありません。親に依存し、基本的信頼を抱きます。

依存

しっかり反抗させることも依存です。子どもは、親が自分の反抗を受け止めてくれたことに満足します。

依存

危険なこと以外は自分でやらせましょう。危ないときや失敗をしたときには守ってやり、親が頼りになることを示します。

着替えをさせようとしても、どの服もいやがる時期がある

反抗

2～3歳ごろに最初の反抗期がきます。親がなにを言っても「いや！」と拒否して、違うことをしたがります。

反抗して親を試す

　十分に依存できている子は、自分が多少、母親に逆らっても、見捨てられることはないとわかっています。だから反抗できるのです。母親が自分をしっかりと受け止めてくれるか、試しているようなところもあります。

反抗

6～7歳くらいで、また反抗期がきます。なにごとも自分でやりたがり、ときには危険なこともします。

反抗

12～13歳ごろに最後の反抗期があります。自我が豊かに育ちはじめ、親とは違う価値観を求める時期です。

Point

自律性が育つ

　依存と反抗をくり返すなかで、子どもは自律性や自主性を身につけます。十分な安心感のなかで、自分のやりたいとおりに反抗できた子は、言動を自分でコントロールできるようになっていきます。

乳幼児期の発達

基準よりもやや遅いくらいの発達がちょうどよいのです

基準はあるけど気にしないで

子どもの発達について、研究者が運動面、認知面、言語面など、さまざまな面で目安を示しています。しかしそれは専門家向けの情報です。子育て中のお母さん、お父さんは、あまり気にしないほうがよいでしょう。

育児書を読むのはよいが、成長の平均値を気にしすぎると、子どものためにならない

発達の目安

各種の発達がみられる時期の目安。寝返りは6ヵ月ごろ、初語は1歳ごろなど。個人差が大きい

気にしはじめると……

所定の時期がきても発達がみられないとあせってしまう

ほかの子がいつできたか、何割ができたかと比べてしまう

早めに習得できるように、熱心に練習をさせてしまう

知識ばかりが先行して、子どもの進歩に素直に感動できなくなる

子どもがおすわりなどに失敗したとき、がっかりしてしまう

子どもの失敗ばかりが目につくようになり、ますます目安が気になるという悪循環に陥る

「箸で食べ物をつまめた」ということひとつで、親子ともに感動できる

わが子のペースを見守って

子ども一人ひとりに、その子の発達のペースがあります。目安やほかの子を気にするよりも、わが子を気にしてあげてください。子どもが自分のペースで成長できるよう、辛抱強く待ちましょう。

おおらかにしていると

待ったぶん、できたときには子どもといっしょに喜べる

失敗しても親が落胆しないので、子どもはのびのびと学べる

目安より遅くてもかまわないと考えれば、あせらずに待てる

その子のやり方を尊重できるため、子どもが自尊心を抱ける

目安より遅くても問題ない

各種の発達が、育児書で示された基準よりも遅れたからといって、心配はありません。個人差の範囲だと思って、おおらかに待ちましょう。やや遅れたほうが、ゆっくり学べてちょうどよいのだと思ってもよいくらいです。

病気やケガ、障害などがあって発達が遅れている場合には、乳幼児健診のときに指摘やアドバイスがあります。専門家から話がなければ、とくに気にする必要はないと思ってください。

Point

大人になれば差はなくなる

乳幼児期の発達には確かに差がつきますが、人生全体からみれば、小さな差です。その差が人生を左右するようなことはなく、いずれはみんな、自分で食事をし、自分でトイレに行くようになります。そのくらいの気持ちで見守りましょう。

この時期のつまずきは成人期のひきこもりにつながります

人間関係が広がりにくい

乳幼児期に基本的信頼をもつことができないと、その後、人間関係が広がりにくくなります。学校でも職場でも孤立しがちで、ひきこもりにつながるケースもあります。

～3歳
母親やまわりの大人が要求にこたえてくれないと、基本的信頼がもてない

～7歳
信頼も自信もないため、意欲が弱く、生活習慣や社会性がなかなか身につかない

～12歳
社会性が弱いため、友達と交わる力が伸びず、休み時間にじょうずに遊べない

～22歳
仲間ができず、孤立していく。比較対象がいないため、自分の長所がわからない

～35歳
自我が確立せず、やりたいことがみつからないまま、歳月がたっていく

人を信じる力が不足していると、年を重ねるごとに孤立が深まっていく

人生に悩み、ひきこもりがちになる子もいる

つまずいたら最初からやり直す

乳幼児期のつまずきに、あとで別の方法で対処することはできません。何歳になっていても、もう一度、基本的信頼をつくるところからやり直さなければいけないのです。そのポイントが3つあります。

①安心させる

子どもが小学生や中学生になっていても、最初からやり直しです。親がその子の望みにこたえ、安心させることからはじめます。

- 子どもの好きな食べ物をつくったりして、願いをかなえる
- 子どもの主張を、口をはさまずに聞く

②ありのままをみる

子どもがいまもっている能力を認めてください。ありのままの姿を受け止め、子どもの心に自信を育てます。

- できることに目を向ける。失敗を責めない
- ほかの子や年齢相応の力と比較しない

③友達との交わり

親との関係を築き直すと、友達とも付き合えるようになっていきます。人間関係の幅が広がります。

- 友達付き合いに失敗したら励ます
- 親には教えられないこともあると自覚する

友達付き合いの苦手さは、すぐには改善しない。励ましつづけ、少しずつ変えていく

過去へのこだわりを捨てることから

子どもが大きくなり、人間関係でつまずいてから、基本的信頼の重要性に気づいたという場合には、親子で信頼関係をつくることからやり直しましょう。「あのとき、こうしていれば」という過去への思いを振り払い、いまできることに目を向けてください。何歳になってからでも、子どもの望みにこたえて、関係を築き直すことはできます。乳幼児期ほど簡単ではありませんが、希望をもって、とりくんでください。

Point

信頼からやり直す

心の発達には順番があります。基本的信頼を獲得しなければ、そのあとの自律性や自主性は身につきません。つまずきがあった場合には、親子の信頼関係からやり直します。

COLUMN

私は子育ての基本をエリク・エリクソンから学びました

幼い子どもの望みに、何度も何度もこたえてやること。その重要性を、私は精神分析家エリク・エリクソンの理論から学びました。

エリクソンは、心を病んだ人たちと健康に暮らす人たちを、膨大な人数で、比較検討しました。そして両者の違いを整理し、人間の健康で幸福な生き方のモデルを描き出したのです。ライフサイクル・モデルといいます。

人生を8つの時期に分け、それぞれの時期にどのような人間関係を築けば心がすこやかに発達し、幸せに生きていけるか、具体的に示したモデルです。

私はこのモデルから、乳幼児期に基本的信頼を獲得することが、その後の人間関係の基盤になるのだと学びました。

エリクソンのライフサイクル・モデル

乳児期
(0～2歳ごろ)
母親に愛されて、基本的信頼を抱く

幼児期
(2～4歳ごろ)
母親に見守られながら、自律性を身につける

児童期
(4～7歳ごろ)
好奇心をもって遊び、自主性をはぐくむ

学童期
(7～12歳ごろ)
母親を離れ、友達と遊びながら学び合う

思春期・青年期
(13～22歳ごろ)
仲間と付き合い、アイデンティティを確立

成人期
(23～35歳ごろ)
親しい家族や同僚と、充実したときを送る

壮年期
(36～55歳ごろ)
自分の得たものを次の世代に引き継ぐ

老年期
(56歳ごろ～)
人生を振り返り、感謝し、満足する

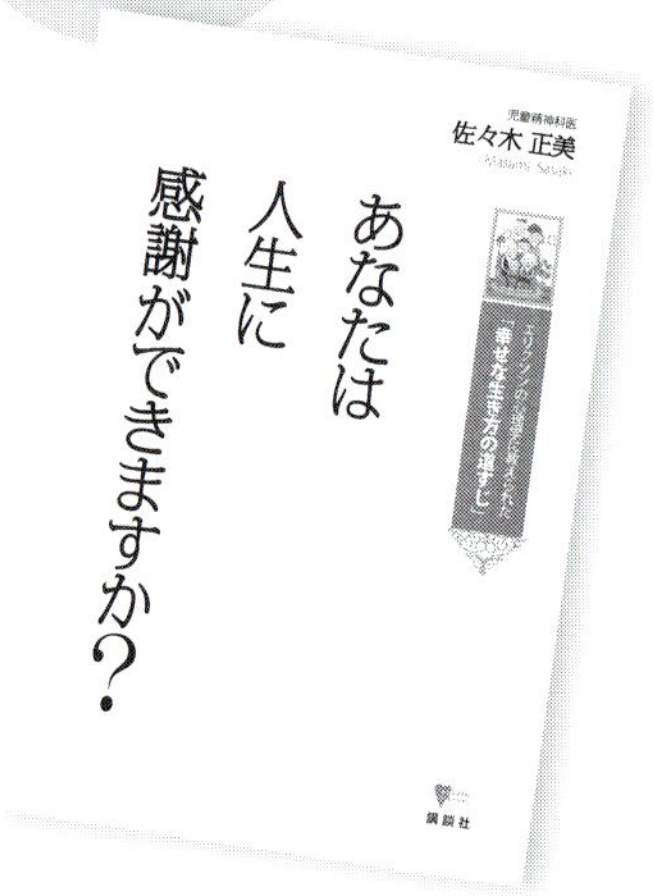

佐々木正美著『あなたは人生に感謝ができますか？』（講談社）は、ライフサイクル・モデルをやさしい言葉で語り下ろした一冊です。子育てにも、親自身の人生にも参考になる言葉が豊富に掲載されています。このモデルについてくわしく知りたい方は、ぜひご覧ください。

3

ママにできること、パパにできることの違い

男女差別をする気はありません。
しかし、子育てに関しては、
母親の役割と、父親の役割は明らかに違います。
0歳から2歳ごろまでは母親、
あるいは母性を、子どもは求めています。
2歳からが父親、あるいは父性の出番です。
この順番や役割を、安易にくずしたり、
入れ替えたりすることに、私は反対です。

佐々木先生のことば

私はあえて「育児の主役はママ」だと言い切ります

男性の育児参加が話題になっている時代に、こういうことを主張すると、反論されるかもしれません。しかし、私はあえて言います。

私は、母性と父性は違うものだと思っています。そして母親には、育児において母性を十分に発揮してほしいと思っているんです。

母性とは、子どもを無条件に受け入れ、愛するという感性、特性です。母親は、妊娠中からわが子を大切に、と気にかけています。出産後も数ヵ月間は、授乳や世話で眠る間もないほど忙しくしています。そのとき発揮されているのが、母性だと思うんです。

母性によって心から安心できたとき、子どもは基本的信頼を獲得します。父親がその役割を担うことも、場合によってはできるでしょう。しかし、やはりこの役割、育児の主役は、母親だと私は思います。

佐々木先生のことば

パパや祖父母には助演俳優になってほしいと言います

父親には、父性を発揮してほしいと思っています。

父性とは、明確な意思をもって、子どもに生き方を教えるという特性です。ときには子どもに条件を示すこともありますから、母性とは性質が違います。

母親が母性で子どもをつつみこみ、安心感を与えたあとに、父親が父性を発揮して、さまざまな生活習慣を教えて、しつけをしていく。もちろん、しつけは母親もいっしょにおこないます。子育てには、こういう順序があるというのが、私の持論なんです。

父親が育児に参加するのはおおいにけっこうなことです。しかし、母親の役割を安易に肩代わりするのではなく、父親の役割を果たしてほしいと思います。

しつけをはじめるころまでは、父親は祖父母とともに、主演の母親をサポートする、いわばすぐれた助演俳優のようになってください。

ママ

つつみこむような母性で、子どもを無条件に愛してください

子どものありのままを承認する

スプーンを使えないことよりも、手づかみで食べられたことを喜ぶ

全面的に受容

子どもがどんなふうに成長しても、無条件で受け入れる。ありのままの姿をほめる

安らぎを与える

まなざしや笑顔を向けつづけ、子どもが安らぎやくつろぎを感じられるようにする

これが母性！
（父性は82ページ参照）

よくある悩み

なにもかも許せるほどの余裕がありません

ありのままの姿を受け止めてあげたいと思っています。頭では、わかっているんです。でも、そうしてあげるだけの心の余裕がありません。

食べ物をこぼしたら、やっぱり叱ってしまいます。きれいに食べられるようになってほしいと思ってしまいます。

私は心がせまいんでしょうか。母性の足りない母親なのでしょうか。

親や友達の**話を聞ける**子になる

親を信頼しているから、言うことをしっかりと聞く

友達ができる
親から承認されればされるほど、自分や友達を承認することもじょうずになる

しつけを聞く
無条件に愛されると、親への深い信頼が生まれる。しつけをよく聞くようになる

自信がつく
親に大切にされたという実感が、子どもの心のなかで、確かな自信になっていく

30ページとリンク
1章で、面倒だと思っても、子どもが泣いたらあやしましょうと言いました。これが無条件の愛です。手があいたらあやすというのは、条件付きの愛情なんです。

解決のヒント

そんなに自分を責めないでください

子どもを無条件に愛するのは、簡単ではありません。できなかったからといって、自分を責めないでください。心がせまいなんてことはありません。また次の機会に、肯定的に接してやればよいのです。

人から承認されたいのは、大人も同じです。

お母さん自身も、うまくできていない自分を許してあげてください。そうでなければ、余裕をもつことはできませんよ。

お父さんや祖父母は、お母さんの努力を、ありのままの姿を承認してあげてください。

ママ

「かわいい」と思ったら、ことばやしぐさで表しましょう

子どもは愛されてかわいくなる

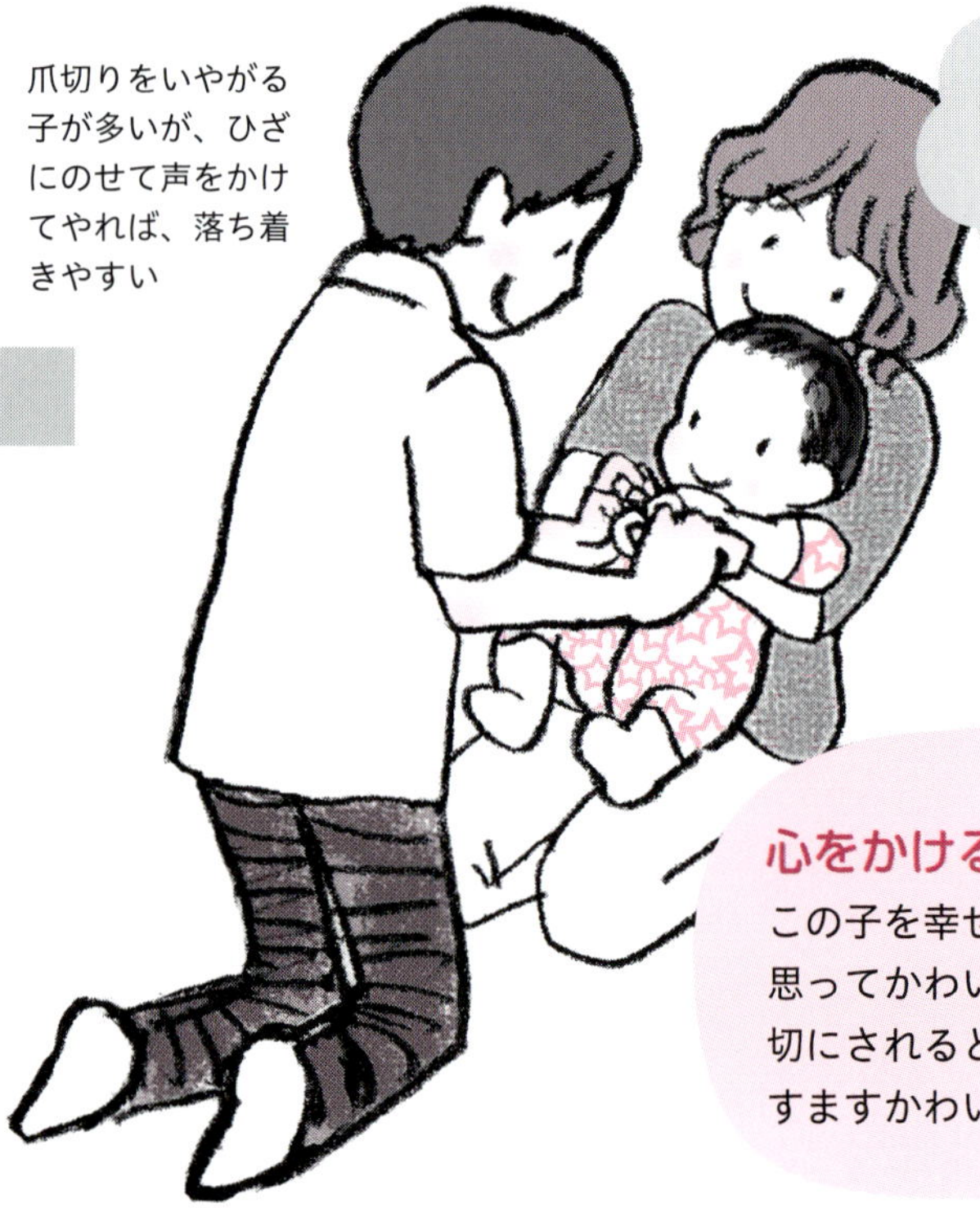

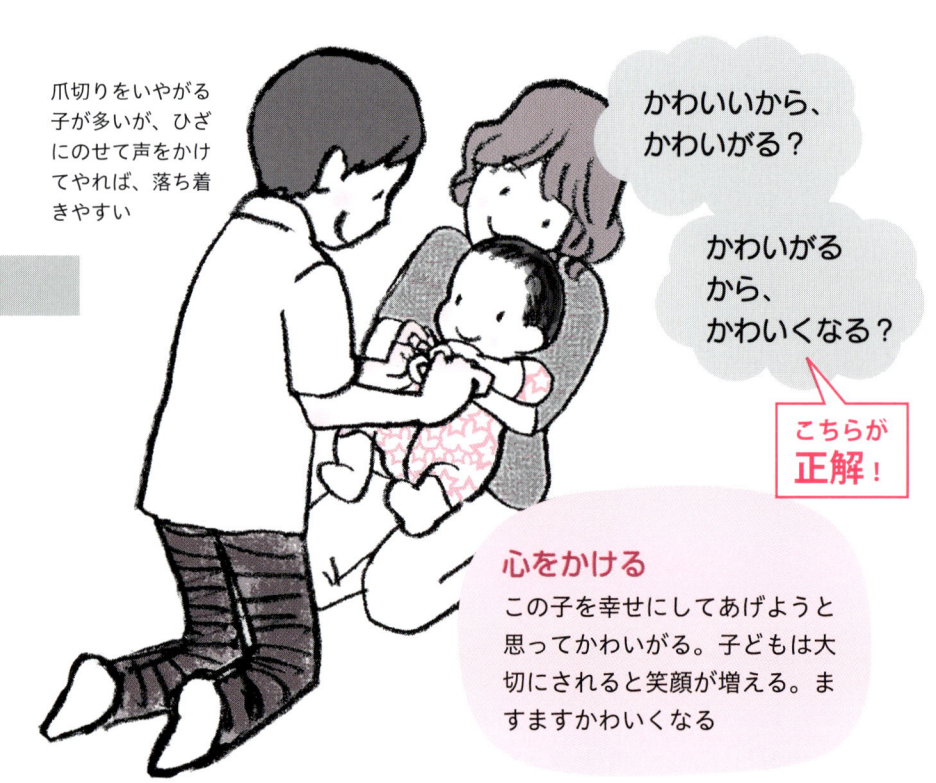

爪切りをいやがる子が多いが、ひざにのせて声をかけてやれば、落ち着きやすい

かわいいから、かわいがる？

かわいがるから、かわいくなる？

こちらが正解！

心をかける

この子を幸せにしてあげようと思ってかわいがる。子どもは大切にされると笑顔が増える。ますますかわいくなる

よくある悩み

かわいいと思えないときがあります

こんなことを言ったら親失格かもしれませんが、子どもをかわいいと思えない瞬間があります。

いつもは笑顔でかわいがっているのですが、疲れているときにいたずらをされたりすると、むっとしてしまい、怒鳴ったりしてしまいます。

疲れていても、多少、無理をしてでも、かわいがらなければいけないのでしょうか。

かわいがられた子は**自分を好き**になる

ことばで伝える

「かわいいね」とことばに出すのもよい。明るい口調で話しかける

子どもが新しい帽子をかぶってみせてくれたら、はっきりと愛情表現を返してやる

しぐさで伝える

子どもの行動にしぐさを返して、かわいいと思っていることを伝える

29ページとリンク

　子どもの笑顔に、しぐさをつけてほほ笑みを返す。これも愛情を伝える手段のひとつです。子どもは愛されている実感をもちます。

解決のヒント

みんなそうです。24時間かわいがることはできません

　どんなに子煩悩な親だって、24時間、子どもをかわいいと思いつづけることはできません。

　親だって、完璧な人間ではないのですから、無理はしないでください。

　疲れたときには、その思いを子どもにぶつけないように、パパや祖父母に子どもをみてもらいましょう。

　ただ、だからこそ、ふとした瞬間に「かわいいね」「ありがとう」とことばをかけ、しぐさで愛情や感謝を示すことを、習慣にしてほしいのです。

　できる時間に、幸せを積み重ねていきましょう。

ママ

「どうして」と「しなさい」はできるだけ言わないで

なにごとも肯定的に伝える

してほしいことを伝える
子どもには基本的に、「してほしくないこと」ではなく、「してほしいこと」を肯定的に伝える

おだやかに何回でも
一度言ったくらいで理解する子はいない。同じことでも、次の機会にはまた伝える

肯定的に言っても、いやがられるときはある。それでも大声をあげたりはしないで

よくある悩み

やめようと思っていても言っちゃいます

子どもをせかしたり、いらだちを子どもにぶつけたりしても、いいことはないのだと思って、そう意識しているつもりです。

でも、たとえば本人がほしいと言うから買った洋服を、いやがって投げつけられたりすると、もうだめです。「なんで投げるの！」「やめなさい」と叫んでしまいます。

これでは基本的信頼は育ちませんか？

言わなくてもできるように

おっ、
えらいえらい

せかさないで、待つ
してほしいことを伝えたら、「どうしてやらないの」「早くしなさい」と言わずに待つ

自分でできる日がくる
辛抱強く待っていれば、いずれは自分でできるようになる日がくる

何度か伝えたら、それ以上は言わずに待つ。そのうちに、自分からやりたがる日がくる

できたときにほめる
子どもが自分でとりくむまで黙って待ち、できたときには、ことばでしっかりほめてやる

38ページとリンク
「どうして」と「しなさい」を言わずに待つためには、親が子どもに合わせる余裕をもっているとよいのです。予定をすぐに変更できるくらいの柔軟性をもちましょう。

解決のヒント

まず回数を減らしましょう

「どうして」と聞いても、子どもはじょうずに答えることができません。そして「しなさい」と言っても、まだできないことや、してしまったことは、どうしようもない。

　ですから、この2つのことばは禁句なのです。とはいえ、この2語を使わない親はいないでしょう。ポイントは、言いすぎないことなんです。まずは使う回数を減らしましょう。それで十分です。

　あとは、黙って行動で示す。それができれば最高です。子どもは、親が言うことよりも、やることを真似するものですよ。

ママ

手がかかるのは、健全に成長しているからだと考えてください

手がかかっても、おさえつけない

手間を覚悟する
年齢相応に手間がかかるのは仕方がないことだと考える。叱ってやめさせようとしない

失敗を受け止める
食べ物をこぼすなど、手のかかる失敗をしても、静かに受け止める。大げさに怒らない

味噌汁をわざとこぼすなど、食べ物で遊んでしまう行動も、成長過程で必ずみられること

よくある悩み

手がかかるどころじゃありません

子どもは親に面倒をかけるものだと言いますが、うちの子はそれどころではありません。

食べ物・飲み物は、毎回こぼします。昨日おいしいと言って食べたばかりのものを、今日はペッと吐き出してしまう。遊び食べもしょっちゅうです。

本人に食器を持たせず、親が食べさせるほうが楽なので、疲れたらそうしています。それではいけないでしょうか。

面倒は必ず減っていく

皿を何度もひっくり返すうちに、食べ物をこぼさずに食事をする方法が身についていく

手間のぶんだけ成長する

幼いころ、いろいろと挑戦して手間をかけたぶんだけ、多くを学び、成長していく

手間がかからなくなる

いつまでも手間のかかる子はいない。成長するにつれて、面倒は必ず減っていく

21ページとリンク

子どもが失敗をしても、親は手や口を出さず、静かに見守りましょう。たとえ後始末が面倒だとしても、いまそれをおさえてしまっては、いつまでも学べません。

解決のヒント

それが健全な子どもっぽさなのです

お母さんが疲れているときは仕方がないかもしれませんが、ふだんは子どものかける面倒に付き合ってあげましょう。

子どもの成長はそういうものです。意思を表現したり、本来の食べ方と違うことを試して、まるで親の愛を確かめるようにしながら、学んでいます。

本人から食器をとりあげて面倒を減らすのではなく、思う存分、反抗させて学ばせ、面倒を減らすほうが、健全に成長します。

それだけ面倒をかけるということは、健康に幸福に発達している証拠だと言ってもよいでしょう。

わが子を預けられるような ママ友をつくりましょう

お互い、頼れる関係に

キャンプやスキーに行くとき、友達の子どもを預かれるくらいになれたら理想的

違いを楽しむ

わが子とよその子の違い、家庭どうしの違いをいやなことだと思わず、楽しむ

子どもを預け合う

家族ぐるみで付き合い、ときには子どもだけを預けられるような関係をつくっていく

よくある悩み

ママ友との付き合いはたいへんで、いやです

「ママ友」と言いますが、実際には、心を許せるほど仲良くなれる友達はごく少数です。

　ほとんどの人とは、子どもが同級生だから付き合っているだけ。しかも、クラス行事などがあるため、ひとつ話をするにも、とても気をつかいます。

　ママ友との交流はストレスになるので、はっきり言って、さけたいです。家族だけで十分、幸せです。

子どもも人付き合いがじょうずになる

小学生になるころには、ひとりでいるよりも、友達と連れ立って歩くことが好きになっている

交わりを好む子に
子どもは、ほかの子やそのきょうだいと遊ぶことを楽しみ、人間関係をつくるのが好きになる

迷惑をいとわなくなる
親と同じように、友達に頼みごとをしたり、頼まれたりするのをいやがらなくなる

52ページとリンク
2歳ごろまでは、親とよく遊びます。友達一家と豊かに遊べるようになるのはそのあとです。2歳ごろをめどに、預け合いを増やしていきましょう。

解決のヒント

気をつかって たいへんだからこそ、大切なのです

家族だけで快適にすごそうと考えるのは、じつは危険なことなんです。

他人のいない生活は、気は楽ですが、学びも広がりもありません。その行き着く先は、家族とさえもいっしょにいたくない、ひとりがいちばん楽だという、孤立的な考え方ですよ。

少数でも気が合うママ友たちと、努力をしてでも交流をもってください。多少のわずらわしさを感じながらも、語り合う喜びやくつろぎも得られるでしょう。

子どもにとっても、親以外の人との交わりが増えるのは、よいことです。

パパ

もっとも大切なのは、ママの話を聞くことです

育児・家事の分担より大事

今日はあの子、帰ってきてから、ずっと機嫌が悪くて

その日、ママが感じたことや、子どもの様子を、ただ聞いているだけでよい

ママの話を聞く

毎日必ず、ママと会話をする。要求や指示はせず、ママの悩みを聞く役に

園への送り迎えや、炊事、洗濯、掃除、子どもの相手など、育児や家事を分担する

家事の分担も大事だが、会話はもっともっと大事

話を聞かないと、どうなる？

皿洗いと洗濯で疲れたから、話はまた今度にしてよ

たとえ家事をがんばっても、会話をこばんでいては、ママに心理的な負担をかけてしまう

よくある悩み

ママが最近、つらそうです

父親として、一生懸命育児にとりくんでいます。早寝早起きをして体調を維持し、掃除、洗濯も、自分がすべてこなしています。

ところが最近、ママがため息をついてばかりです。

解決のヒント

ママの話を、できれば愚痴を聞いてください

ママの悩みを聞いてみてください。ため息をつくほどの悩みがあるはずです。

私が以前に関わった調査で、父親とのコミュニケーションに満足している母親は、疲れを感じにくいという結果が出ました。

育児を物理的に手伝うことよりも、コミュニケーションのほうが、母親の負担を軽減していたのです。

家事の分担を継続しながら、ママの愚痴を聞く機会を増やしていくと、よいのではないでしょうか。

ママがパパを頼れるように

ママが安心する
ママがパパに依存できる。育児で悩んでも、パパとつらさを分かち合えるので、安心していられる

気持ちに少し余裕が生まれ、子どもとおだやかに接することができる

ママが孤立する
ママがパパを頼れない。悩みをひとりで抱えこむ。聞き分けのよい子を求めるようになってしまう

パパ

父性が本当の意味で必要になるのは2歳ごろからです

父性は**しつけ**で必要になる

「買い物中に大声を出す」など、してはいけないことを教えるのが父親の役割

文化を教える
2歳ごろから、父親が中心となって、子どもにしてよいこと、してはいけないことを文化として教えていく

これが父性！

無条件に愛する
2歳ごろまで、母親が中心となって、子どものありのままの姿を受け入れ、要求に十分にこたえてやる

母性が先に
（70ページ参照）

よくある悩み

父親として厳しくしなければいけないのでは？

「父性」ということばをイメージすると、父の威厳、厳格な指導といった、厳しさの印象があります。

子どもがわがままを言ったり、いたずらをしたりして、人様に迷惑をかけることのないよう、厳しくしつけをしたほうがよいのでしょうか。

母親が無条件の愛で子どもを受け入れたぶん、父親は厳しさをみせなければいけないのでは？

価値観が子どもに伝わる

マナーをくり返し伝えると、店内や電車内では大声を出さなくなる

教えることがしつけに

母親はかわいがることをつづけ、父親は文化を教えていく。それがいわゆる「しつけ」になる

45ページとリンク

父親は、根気よく待つことを求められます。生き方を教え、できるようになるまで待つ。ことばや手でおさえつけないように、自分をしっかりとコントロールしてください。

解決のヒント

厳しさよりも頼もしさを意識して

厳しさは必ずしも必要ではありません。過度の厳しさは子どもに恐怖を与えることもあるため、私はあまり賛成しません。

厳しさよりも、つねに同じことを教えつづける根気や、子どもが何度失敗しても励ましつづける頼もしさのほうが、父性には必要だと思っています。

子どもは、大声をあげたり、厳しく叱りつけたりしなくても、ものごとを十分に理解します。

理解したあと、できるようになるまで時間がかかりますが、それを待ってあげられれば、厳しさなど必要ないはずです。

祖父母

両親と相談したうえで、甘やかす役になるのもよいでしょう

子どものひなん場所になる

ものではなく、遊びやふれ合い、声かけで満足させる

求められたら甘やかす

親が忙しいときなどに、子どもがだっこや世話を求めてきたら、子どもの望むように甘やかす

ひなんできる場所に

親子ですごす時間が長くなると、どうしても息苦しさが生じる。祖父母が子どものひなん場所になり、親にもひと息つかせる

よくある悩み

甘やかすと、両親がいやがります

共働きの両親が子育てに疲れている様子なので、できることは手伝ってやりたいと思っています。

でも、孫がかわいいあまり、どうしても甘やかしてしまい、ときおり両親と意見が衝突します。

私たち祖父母が甘やかすことはしつけの邪魔になるのでしょうか。

菓子やおもちゃを買いすぎないようにはしているのですが、ほかになにを注意すればよいのでしょう。

子どもはますます安心できる

祖父母にどんなに甘やかされても、ママに甘えることが好きなのは変わらない

祖父母を信頼する

子どもは祖父母が自分の望みにこたえてくれることがわかると、祖父母にも信頼感や安心感を抱く

両親をより強く信頼する

祖父母を信頼したからといって、両親との結びつきが弱くなることはない。適度に離れることで、信頼感はより強くなる

37ページとリンク

　母親は育児の主役ですが、なにもかもをひとりで担うわけではありません。ときおり祖父母が手伝うことで、母親に余裕ができ、育児がより豊かになります。

解決のヒント

役割分担を話し合っておきましょう

　甘やかすことは、しつけの邪魔にはなりません。むしろたすけになります。子どもにとっては、両親以外にも頼れる人ができて安心感が強くなり、ものごとを学ぶ機会も増えます。そのまま甘やかして、けっこうだと思います。

　ただ、それぞれの家庭に育児の方針がありますから、両親と話し合い、注意点を事前に確認しておいたほうがよいでしょう。

　両親から「子どもにやらせたくないこと」「与えてほしくないもの」などを聞き、共通理解をつくったうえで、子どもと接してみてはいかがでしょうか。

COLUMN

主役だからこそ、ママにはひとりの時間も必要です

ママにとって、ママ友をつくること、パパや祖父母の支えを得ることは、孤立をさけるために、たいへん重要です。孤立しては、子育ては絶対にうまくいきません。

しかしいっぽうで、孤独な時間をもつことも大切です。孤立と孤独。似ているようで、大きく異なることばです。

孤立は、誰にもたすけを求められない状態です。子どもの世話をすべて自分ひとりでやらなければいけない。苦しくなります。

孤独は、いつでも人に頼れる人が、ひととき、自分ひとりでいる状態です。そういう時間は、誰にとっても必要です。

ママは育児の主役です。助演俳優を必要とします。しかし同時に、主役として多くの要素を担っているからこそ、ひとりでくつろぐ時間も必要なのです。パパや祖父母は、ときどきママがひとりになれる時間をつくってください。

4

子育てには保育園・幼稚園の支えも欠かせない

子育ては、家庭で、両親だけでできるものではありません。
祖父母や親族、友人、地域社会などの支えが必要です。
しかしいま、社会全体で人間関係が希薄になり、
子育てに支えが得られにくくなってきています。
そのなかで、保育園や幼稚園の重要性が高まっています。
園の先生たちがプロとして子どもを見守り、
親たちと接することが、子育ての支えとなっているのです。
先生たちに感謝し、協力をしていきましょう。

佐々木先生のことば

先生たちの仕事が適切に評価されていないと感じます

保育園や幼稚園の先生方がしている子育てという仕事は、社会でもっとも創造的な、重要な仕事です。

一人ひとりの子どもの、人格の基礎をつくること。そのことに深く関わる活動なのですから、この重要度は、ほかの仕事の比ではありません。

私には、保育の仕事が、社会から相応の評価を受けているとは思えません。子どもを預かり、育てるということを、もっと評価しなければいけない。そう思い、そう言いつづけています。

保育の仕事は、数字や形として残るものではありません。しかし、先生方がなしたことは、子どもの心のなかにしっかりと残ります。健康で幸福な心を、人格を育てる仕事なんです。

たとえ形に残らなくても、胸をはってこの重要な仕事にとりくんでほしいと思います。

佐々木先生のことば

いまや保育園・幼稚園は育児を支える第二の家庭です

さまざまな事情から、保育園や幼稚園で子どもを預かる時間が延びています。夕方の保育はもちろん、夜間の保育も増えてきました。地域によっては、早朝保育や深夜保育もおこなわれています。

かつては家庭だけでできていたこと、家庭と地域社会のつながりによっておこなっていたことを、いま、保育園と幼稚園が担うようになってきました。

保育園と幼稚園の重要性は高まるいっぽうです。いまや第二の家庭と呼べるくらいに、子育ての重要な部分を、園が担っています。このことがいいか悪いか、簡単に考えることはできません。

母親と父親は、園の先生方がいかに重要な仕事をしているか、理解しておきましょう。先生方は、子どもたちへの愛情が、これまで以上に求められていることを、あらためて意識してください。

先生

「子どもが好き」という気持ちを、そのままもちつづけて

育児への思いをみつめ直す

うまくいかないことが多いけど、保育士をやっていていいのかな？

子どもが好きか、自問自答

ときどき、子どもたちへの思いを確認。悩みがあっても愛情もあれば、基本的に心配ない

育児の喜びを再確認する

仕事をしていて喜びを感じる瞬間を思い返してみる。いくつも思い出せれば問題ない

時間に追われて、仕事への思いがみえなくなったら、ちょっと立ち止まって考えてみる

よくある悩み

子どもは好きですが、ときどきイライラしてしまいます

子どもが好きだから、保育士になりました。その気持ちはいまでも変わっていないと思っています。

でも、保育の仕事をしていると、ときどき子ども相手にイライラしてしまうことがあります。

まだ幼い子なのだから仕方がないとわかっているのですが、ベテランの先生のように、なんでも笑って受け止める境地には、なかなかなれません。

思いは必ず母と子に伝わる

保育士が子どもの思いにこたえる様子をみて、母親も安心する

プロとして最善をつくす

たとえ成果が出にくい状況でも、投げ出さずに、プロとしてできるかぎりのことをする

母も子も満足してくれる

結果はどうあれ、保育に手を抜いていないことは、必ず親と子に伝わる

22ページとリンク

　子どもに笑顔を向けられたとき、ほほ笑みを返す。そういうやりとりに喜びを感じられる人は、保育の仕事ができる人です。

解決のヒント

私もそうです。人間ですから仕方がありません

　私も精神科医の仕事をしていて、相談にみえた人に対して、いらだちから不要なことを言ってしまったことが何度かあります。あとになって振り返り、後悔し、反省しました。

　言い訳のようですが、人間ですから、思うようにいかないときもあります。そういうときには、少し休憩して、子どもへの思いをみつめ直してみてください。

　そこで、子どもを好きだという気持ちが基本的に変わっていなければ、大丈夫です。そう思っている先生を、子どもたちは求めているのですから。

先生

音楽の指揮者のように、一人ひとりに目を配りましょう

見守ることを最優先に

みんなを見守って

視野を広くもって、自分の担当する子ども一人ひとりの視線や表情、動作をまんべんなく見守る

オーケストラの指揮者を意識して、子どもたち全体に目を配るのがコツ

よくある悩み

発達をじょうずにうながすのは難しいです

保育の仕事を何年もつづけていますが、子どもの思いを読みとってこたえることや、子どもに合った活動を提供して発達をうながすことが、なかなかじょうずにできません。

いま、家庭では遊びの幅を広げることが難しくなっているようです。プロとして発達を補いたいのですが、どのような点に注意して、子どもたちと接すればよいのでしょうか。

見守ることがママのサポートに

人間関係を広げる支えに

子どもどうしで遊べるように先生が誘いかけることで、人間関係をつくる力が伸びる

子どもがほかの子といっしょに遊べるように誘いかけることも、家庭の育児の支えになる

14ページとリンク

「見守る育児」は母親が中心にすることですが、先生が子どもを見守ると、それが母親の育児を補うようにして、子どもの安心感をより確かなものにします。

ママの育児の支えに

先生が見守ることで、子どもは安心する。家庭の「見守る育児」を補う効果がある

解決のヒント

指導よりも、まずは見守ることを考えて

プロとして、子どもに合った遊びや活動をつくることはもちろん重要です。

ただ、ここではそれ以前の心がまえとして、私が保育者へふだんお話ししていることを紹介しましょう。

0歳から3歳までの子どもをみている方は、子どもたち一人ひとりをまずは見守ってほしいのです。

その年代の子どもたちは、見守ってほしい、思いにこたえてもらいたいと願っています。

オーケストラの指揮者のように、子ども一人ひとりを目で追い、反応を返してやる。それだけで十分だといつもお話しするんです。

先生

泥だらけになって遊べるような活動をさせてください

遊びで多くを**体験**できるように

遊びの幅を広げる

公園などの園外で遊ぶことや、虫や動物とふれ合う機会などを増やす。家庭でできないことを補う

親の理解を得る

体験を広げるためには、あらかじめ親の理解を得ておくこと。信頼関係のもとでおこなう

砂遊びをして体を真っ黒にしたり、転んですりむいたりする体験が、成長には欠かせない

よくある悩み

どこまで遊ばせてよいか、悩みます

子どもたちにとっては、たとえば土手や原っぱ、坂道など、さまざまな場所で、泥んこになるくらい活発に外遊びをしたほうがよいと思っています。

でもいまの時代、子どもをどこに連れて行ってもよいというわけではありません。ケガなどの危険性をつねに考慮しなければならないのです。

保育者の方針として、どこまで遊びを広げてよいものか、いつも悩みます。

体も心も発達していく

体の感覚が整う

さまざまな感触のものをさわり、いろいろな動作をして遊ぶと、感覚面が成長する

友達付き合いが深まる

公園などで未知のものをみつけたとき、友達と協力して遊ぶことで、人間関係が広がる

46ページとリンク

親子の遊びによって育つことと、友達との遊びで育つことは違います。とくに2歳すぎからは、園の友達と遊び合う体験が重要になってきます。

解決のヒント

親たちとよく相談し、理解を得て進めましょう

多くの場所を使って、外遊びを積極的におこなうことに、私は賛成です。

私の3人の息子たちは、少年時代に全員、一度は骨折をしました。私はそれくらい元気に遊んでほしいと思っていましたから、気にしませんでしたよ。

本当は、ケガをするくらいの遊びが必要なんですよね。でもそれは、親たちと相談したうえで、おこなわなければいけません。

もし可能であれば、私のような専門家の第三者が、遊びの幅を広げることについて、保護者会でお話をするといいですね。

先生

両親と親しく交わることで、互いに不安を解消できます

あいさつで心がやわらぐ

心配なママがいても、特別な対応はしない。相手を思いやり、あいさつをするだけでよい

共感しながら

親の苦労に心をよせる。忘れ物をした親に対して、強く注意するようなことはさけたい

感謝をこめて

園の制度や規則を守ってくれていることに感謝の気持ちをこめ、あいさつをする

よくある悩み

両親に、どんな話をすればよいのでしょう

子どもをみていると、両親に伝えたいことがいろいろと出てきます。小言は言わないようにしていますが、どんな話がお互いのためになるのでしょうか。

解決のヒント

まずは親の苦労に思いをよせて

小言を言わないというのは大事ですね。対立関係ではなく、信頼関係をつくっ

交わるうちに**親しさ**が生まれる

うちの子、いま
ひどい便秘
なんですよ
それなら
あそこの小児科
がいいよ
園では水分補給に
気をつけたり
していますね

70ページとリンク

先生が共感的なことばをかけることで、親の不安がやわらぎ、子どもも安心します。親に余裕ができ、子どもを受け止める育児がじょうずになります。

不安を分かち合える

共感や感謝は思いやりになり、親も先生を思いやるようになる。互いの不安を分かち合える関係になっていく

日々あいさつをつづけていると、親しみが生まれ、懇親会などのときにも相談しやすくなる

ていきましょう。

そのためにはまず、親が子育てに苦労していて、限界までがんばっているということに思いをよせ、ねぎらいをすることです。

指導は不要、かえって親を苦しめます

そして、育て方で気になる点があっても、親を指導することはさけてください。小言ではない、妥当な指導でもいけません。

指導などしても、親を悩ませ、かえって子どもの状態を悪くします。

親に育児の基本を知ってもらおうなどと思わず、徹底して、親を支えてください。そのほうが、親も余裕ができ、育児がじょうずになります。

COLUMN

子どもに慕われるのは、先生ご自身が幸せだからです

　子どもたちは、育児が好きな先生を慕います。先生が、自分と接するときに喜びや幸せを感じてくれている。そのことに、子どももまた、幸せを感じるのです。

　ことばにすると、当たり前のことのように思えるかもしれませんが、これが保育の仕事でもっとも大切なことです。

　しかし、いくら子どもが好きでも、忙しさやさまざまな課題を前に、仕事の喜びをもちつづけるのは、簡単ではありません。

　子どもが好きだという初心を忘れないように、同僚や家族とよく交わりましょう。豊かな人間関係のなかで、ストレスや疲れはやわらぎます。

　いま子どもに慕われている先生は、ご自身が幸せな人間関係、家族関係のなかにいる先生なんですよね。だから育児の喜びを失わない。そういう先生に育てられる子どもは、本当に幸せです。

■監修者プロフィール

佐々木正美（ささき・まさみ）

1935年、群馬県生まれ。児童精神科医。新潟大学医学部を卒業後、東京大学、ブリティッシュ・コロンビア大学、小児療育相談センター、ノースカロライナ大学、川崎医療福祉大学などで子どもの精神医療に従事。

専門は児童青年精神医学、ライフサイクル精神保健、自閉症治療教育プログラム「TEACCH」研究。糸賀一雄記念賞、保健文化賞、朝日社会福祉賞などを受賞。

著書に『子どもへのまなざし』（福音館書店）など。

編集協力
オフィス201

カバーデザイン
小林はるひ（スプリング・スプリング）

カバーイラスト
アフロ

本文デザイン
南雲デザイン

本文イラスト
梶原香央里

健康ライブラリー

3歳《さい》までの子育《こそだ》てに大切《たいせつ》なたった5つのこと

2013年5月27日　第1刷発行
2025年10月15日　第11刷発行

監修	佐々木正美（ささき・まさみ）
発行者	篠木 和久
発行所	株式会社 講談社 東京都文京区音羽2丁目-12-21 郵便番号　112-8001 電話番号　編集　03-5395-3560 販売　03-5395-5817 業務　03-5395-3615
印刷所	TOPPAN クロレ株式会社
製本所	株式会社若林製本工場

N.D.C.493　98p　21cm

ISBN978-4-06-259680-0

■参考図書

佐々木正美著
『あなたは人生に感謝ができますか?』（講談社）

佐々木正美著
『いい人間関係ができる子に育てたい』（企画室）

佐々木正美著
『かわいがり子育て　3歳までは思いっきり甘えさせなさい』（大和書房）

佐々木正美著
『子どもへのまなざし』（福音館書店）

佐々木正美著
『続　子どもへのまなざし』（福音館書店）

佐々木正美著
『完　子どもへのまなざし』（福音館書店）

講談社　健康ライブラリー　イラスト版／こころライブラリー

新版 子どものアレルギーのすべてがわかる本

国立病院機構相模原病院臨床研究センター長
海老澤元宏　監修

アトピー性皮膚炎、食物アレルギー、ぜんそくなど、成長につれて変化していくアレルギー症状の対策・治療を図解！

ISBN978-4-06-521783-2

アタッチメントがわかる本
「愛着」が心の力を育む

東京大学大学院教育学研究科教授
遠藤利彦　監修

「不安なときに守ってもらえる」という確信が心の力に。アタッチメントの形成から生涯にわたる影響まで解説！

ISBN978-4-06-528919-8

子どもの目を守る本

川崎医科大学眼科学教授
三木淳司　監修

スマホの使いすぎで内斜視になることも！見え方の異常から治療が必要な病気まで徹底解説。

ISBN978-4-06-528224-3

子どものこころの発達がよくわかる本

青山学院大学教育人間科学部心理学科教授
坂上裕子　監修

自我の芽生え、言葉の習得、他者とのかかわり……発達心理学からみた就学前の子どもの成長を解説。

ISBN978-4-06-535961-7

子どもの花粉症・アレルギー性鼻炎を治す本

ながくら耳鼻咽喉科アレルギークリニック院長
永倉仁史　監修

子どもの症状はくしゃみ、鼻水だけではない。年代別の対応法と根本から治す最新療法がわかる！

ISBN978-4-06-259800-2

子どものアトピー性皮膚炎 正しい治療法

東京逓信病院皮膚科部長
江藤隆史　監修

親がよかれと思ってやることが逆効果に。子どもにとってベストな治療法がわかる。ステロイドを上手に使おう。

ISBN978-4-06-259802-6

起立性調節障害（OD）
朝起きられない子どもの病気がわかる本

昭和大学保健管理センター所長・教授／昭和大学病院小児科教授
田中大介　監修

やる気の問題？　学校に行きたくないから？「朝起きられない」理由を知り、適切な対処を。

ISBN978-4-06-526021-0

空気を読みすぎる子どもたち

青山学院大学教授／小児精神科医
古荘純一　監修

空気を読み親の言うことをよく聞く「良い子」ほど危ない。子どものSOSサインをキャッチして、自己肯定感を育もう！

ISBN978-4-06-520126-8